De onde vim? Para onde vou?

De onde vim? Para onde vou?

A vida após a morte, a jornada da tua alma

O Espírito Livre Universal é
o ensinamento de amor a Deus e ao próximo
para com os seres humanos,
a natureza e os animais

De onde vim? — Para onde vou?
A vida após a morte,
a jornada da tua alma

1ª Edição, Setembro 2021

Max-Braun-Str. 2, 97828 Marktheidenfeld

www.gabriele-verlag.com
www.gabriele-publishing-house.com

Título original alemão:
Ich kam – woher? Ich gehe – wohin?
Leben nach dem Tod,
die Reise Deiner Seele

A edição alemã é a obra de referência para todas as questões sobre o significado do conteúdo

Tradução autorizada por:
Gabriele-Verlag Das Wort GmbH

Pedido No. S 407ptPOD

ISBN 978-3-96446-221-3

Índice

Prefácio

A maioria de nós humanos tem medo de morrer, eles têm medo e se perguntam: "O que vai acontecer comigo depois?"

Muitos dizem: "Não sabemos o que vem depois. Ninguém jamais voltou do além." Mesmo as chamadas igrejas cristãs não têm uma resposta satisfatória para esta questão existencial da vida.

Quem vê a "vida" só como a existência entre o nascimento e a morte, a este, as perguntas de onde viemos e para onde vamos devem soar como um mistério.

Não é um mistério, mas uma verdade que muitos já não conhecem e por isso é apresentada neste livro: Que a morte não significa um corte no nosso caminho de vida, mas é o portal de entrada para a sua continuação noutro nível de ser. O portal de entrada para uma vida que será tanto mais luminosa quanto mais conscientemente o ser humano tiver dominado as tarefas de sua vida terrena.

A morte — uma estação na jornada de nossa alma em direção à vida verdadeira.

Se compreendermos o que a vida realmente é, então a morte perde seu horror. A realidade da nossa vida continua — nós mesmos determinamos "como".

As verdades básicas da vida são reveladas a nós hoje diretamente do reino de Deus em todos os detalhes por meio da profetisa de ensino de Deus em nosso tempo, Gabriele.

O conhecimento de fontes divinas contido neste livro foi apresentado em uma série de palestras e seminários sobre o tema "A vida após a morte — a jornada da tua alma" nas próprias palavras dos respectivos palestrantes. O conteúdo dessas palestras é resumido brevemente aqui.

Você encontrará explicações detalhadas da própria Gabriele sobre a morte do ser humano e a continuidade da vida da alma nos reinos do outro mundo, especialmente nos livros apresentados no apêndice.

Casa Editorial Gabriele A Palavra

I.

De onde vim?
Para onde vou?

A vida depois da morte, a jornada da tua alma

Introdução

O que é a vida?

A vida, a nossa vida, é apenas o intervalo entre o início e o fim da vida terrena, entre o nascimento e a morte, esses dois eventos inevitáveis que costumam estar associados a dificuldades e, muitas vezes, a dor aos envolvidos? Não podemos realmente dizer nada mais sobre a vida do que uma criança se desenvolve no útero até nascer, que uma pessoa vive por algumas décadas, morre, é enterrada e então se dissolve novamente em seus componentes materiais? A alma é apenas um produto do corpo terreno que desaparece com ela? O organismo é determinado apenas pela composição genética dos pais e ancestrais, um corpo que se desenvolve e se forma de acordo com as leis da hereditariedade?

Muitos estão convencidos disso, enquanto outros têm ideias mais ou menos claras sobre a continuidade da existência da pessoa ou de uma parte dela, a sua alma. Eles acreditam que o falecido repousa na sepultura até que ele seja ressuscitado e mandam esculpir nas lápides: "Descanse em paz".

Eles são da opinião de que, apesar da aparente dissolução, o corpo material pode ser ressuscitado.

Qualquer pessoa que questionar as instituições da igreja sobre a vida e a morte percebe que elas são incapazes de fazer qualquer declaração conclusiva sobre o que vem depois da morte, visto que a Bíblia não contém nenhuma informação específica sobre este assunto. Muitas pessoas vinculadas à igreja temem que após a morte tenham que sofrer no inferno ou sejam lançadas na condenação eterna após o chamado "juízo final".

A pessoa moderna e esclarecida do século 21 gosta de evitar o tema da "morte". Ela apenas considera real e existente o que pode experimentar diretamente com seus cinco sentidos e compreender com seu intelecto. Ela apenas se reconhece em sua existência física e experimenta que está entrelaçada em processos vitais perceptíveis externamente. As perguntas de onde viemos e para onde vamos, os porquês de seu destino permanecem um mistério para ela — somente o que pode ser experimentado externamente parece-lhe ser concretamente tangível como sua vida. Por causa dessa consciência, que se caracteriza pelo ponto de vista material, ela compreensivelmente se esquiva de enfrentar o fim de sua existência, pois pensa que a morte extinguiria sua existência. Então o ser humano ama esta vida terrena que lhe oferece além da adversidade, também uma série de coisas agradáveis e excitantes. Ele quer viver por muito tempo e não quer ver outros morrerem.

Por muito tempo, o medo e a ignorância tornaram o morrer e a morte num tabu. Essa atitude só mudou gradualmente depois que alguns médicos e enfermeiras assumiram a tarefa de acompanhar os morrentes e não "abandoná-los" quando novos esforços médicos pareciam inúteis.

As vivências na área da fronteira da morte deram motivos para reflexão e repensar. Eles encorajaram a ampliação do estreito horizonte de conhecimento sobre a vida. Um grande número de pessoas já suspeita ou acredita na veracidade dessas visões de vida que as pessoas em países menos materialistas desta Terra têm, nas quais se vê a morte como uma estação em uma ordem completamente natural da vida. Lá se está convencido de que após a morte do corpo físico, o "morto", ou seja, a sua alma, continua a viver. Em geral, também se sabe que a alma pode passar por várias vidas terrenas em diferentes épocas e diferentes corpos humanos.

No chamado "Ocidente cristão" muitos sabem sobre a continuação da existência da alma. Quando os pesquisadores da mortalidade publicam suas observações hoje, lemos algumas coisas que de forma alguma são novas. Teorias científicas e dogmas eclesiásticos foram capazes de reprimir o conhecimento antigo da consciência de muitas pessoas, mas de forma alguma os refutaram ou mesmo mudaram as leis espirituais negando-as.

O que é apresentado neste livro segue a partir das experiências básicas da humanidade, mas corrige muitas coisas e vai muito além do que é conhecido até agora sobre o mundo além da matéria, o do espírito. A partir de lá, do Espírito de Deus, vem o conhecimento que é transmitido aqui de forma análoga.

A morte não é aniquilação mas transformação

"Vita mutatur, non tollitur."

A vida não é destruída, mas transformada (*antiga inscrição no túmulo*).

Tudo é energia e nada dessa energia pode ser perdida.

A vida é energia. Assim como a ciência ainda não foi capaz de definir claramente de onde vem a energia, por que e como ela é criada, também não pode interpretar a vida, apenas descrevê-la. Essa energia, a vida, escapa ao acesso científico, assim como a nossa alma.

A alma é uma parte essencial do ser vivente "humano". Onde ela estava antes do ser humano nascer? Onde ela fica depois da morte física, quando a vida desaparece do corpo humano e o corpo humano se dissolve novamente em seus componentes? O que então acontece com a "vida", o que acontece com a alma?

Pesquisas voltadas apenas para a matéria, apesar do maior esforço científico, não conseguem explicar o que nós, humanos, tomamos como certo: a vida imensamente abundante que nos cerca na forma de animais, plantas e micróbios, por exemplo. Uma lagarta emerge dos ovos de uma borboleta, esta lagarta mais tarde se envolve em um casulo e se transforma em pupa. Por sua vez, vemos a nova borboleta eclodindo da pupa. A vida se transforma, mas não se perde.

Pelas revelações do Espírito de Deus, que foram dadas a nós humanos por quase 5 décadas, aprendemos que tudo é energia. A vida é energia — não pode ser destruída, aniquilada, apenas a sua forma pode mudar. A vida em sua forma original é espiritual, de fato, a vida é espírito. Nossa alma é existência espiritual, uma forma de vida espiritual.

Para muitas pessoas fora de nossa civilização ocidental, faz parte do conhecimento básico que a alma já está presente antes de uma pessoa ser concebida e continua a viver após a sua morte. Consequentemente, já estamos lá antes de nascermos, na forma de nossa alma, que reside como um corpo espiritual na esfera espiritual.

Nossa alma está peregrinando há muito tempo. Antes ela era um ser espiritual puro no SER eterno, no Reino de Deus. Para lá, à casa do Pai Eterno nos reinos celestiais de luz, ela viaja de volta. Sua jornada passa através dos reinos das almas, os planos de purificação. Sob certas condições, ela "desliza" para dentro do corpo humano a fim de se livrar de parte de seus fardos em uma vida terrena, no espaço e no tempo. Se ela conseguir isso, ela poderá continuar seu caminho para casa em mundos mais iluminados dos planos de purificação. Ela então avançou em seu caminho.

A vida na Terra é, portanto, apenas uma escala na jornada da alma, na qual depende de recuperar a pureza original, o poder original da luz, a alta vibração original, por meio de uma vida na lei de Deus, no amor a Deus e ao próximo.

A alma, a estrutura espiritual com certas características muito específicas, por assim dizer, "pessoais", se conecta com o corpo humano no nascimento da criança. Ela permanece conectada a ele até a sua morte física.

A energia divina da vida flui através da alma para o corpo físico e o vivifica.

Tudo é energia, incluindo o nosso sentir, perceber, pensar, falar e agir. A alma é o "livro da vida"; nela tudo está armazenado, e nela permanece eficaz o que o ser humano uma vez sentiu e percebeu, o que pensou, falou e fez, mesmo depois que deixou o corpo físico.

Isso significa: levamos conosco a nossa identidade, a nossa consciência, os nossos erros e fraquezas, mas também a nossa alegria interior, a nossa dedicação à Deus, para as esferas do além. Coisas negativas sobrecarregam a nossa alma, sombreando-a e escurecendo-a. O pensamento e a ação positivos e altruístas, por outro lado, tornam a alma mais leve, permitem que ela se torne mais iluminada.

Deveria ser a nossa tarefa mais importante de ser capaz de ter um balanço positivo no final da vida terrena, ou seja, de ter libertado a nossa alma de uma série de fardos e sombras. Depende do que levamos conosco desta vida. Depende de quão escura ou quão clara a nossa alma é quando morremos, porque isso determina o caminho futuro de nossa alma após a nossa morte física.

Como ocorre a morte? O que a alma experimenta quando ela deixa o seu corpo?

Para todo o ser humano, após o fim de sua vida terrena, a sua alma se separa do corpo. No entanto, não existe uma norma para "morrer" — cada pessoa morre de forma diferente.

A pesquisa moderna sobre mortalidade extrai seu conhecimento de relatos de pessoas que estavam clinicamente mortas e que foram trazidas de volta à vida. Essas pessoas muitas vezes sofreram uma morte violenta mais ou menos repentina, que, no entanto, ainda não era definitiva.

Os relatos são semelhantes: a primeira experiência costuma ser um flutuar fora e acima do corpo físico. Nesse estado, a alma percebe o ambiente real e todas as ocorrências com grande precisão, por exemplo, na sala de cirurgia ou no local do acidente. Frequentemente, a alma então experimenta como ela desliza-se através de um túnel escuro ou em direção a um ponto de luz. Alguns experimentam que entram em uma luz brilhante e ouvem sons, harmonias ou algum tipo de música das esferas. No entanto, essas almas ainda não se separaram completamente do corpo, de modo que as tentativas de ressuscitação são bem-sucedidas.

O processo natural de morrer segue um curso completamente diferente, no qual a retirada da vida costuma levar anos: de vez em quando ocorrem problemas circulatórios, um ou outro órgão deixa de funcionar como antes, o corpo fica cada vez mais fraco.

Durante esse tempo, é propiciado à alma muitas oportunidades de se preparar para o desapego de seu corpo. No sono profundo de uma pessoa, a alma pode emergir do corpo e praticar a "liberdade de movimento" com seu espírito guardião. Assim como uma pessoa doente que está acamada por muito tempo precisa primeiro aprender a andar novamente, a alma precisa primeiro reaprender a sua liberdade de movimento no reino espiritual.

Finalmente, o ser humano se deita para morrer. Imediatamente antes da alma partir, toda a vida da pessoa passa novamente, como em um filme de lapso de tempo. A alma avalia total e conscientemente até a última sensação do seu passado, isto é, a vida terrena que acaba de terminar. Ela o avalia de diferentes pontos de vista do que o ser humano havia feito anteriormente. O critério decisivo agora é o do amor abnegado posto em prática. Desta forma, a própria alma se torna o "juiz" dos pensamentos e ações de sua própria pessoa.

Se a pessoa se preparou para a morte, então sua alma pode se separar do corpo com relativa facilidade. Seres espirituais a ajudam, seu anjo da guarda e possivelmente almas mais desenvolvidas de antigos amigos e parentes. Eles saúdam a alma deixando a matéria e ajudam-na a ocupar o seu lugar na vida do além.

No entanto, se a pessoa não se preparou para a sua morte e viveu inteiramente na matéria, sem esforço espiritual, sem orientação à Deus, então seus pensamentos e aspirações, toda a sua consciência, estão tão fixados nas condições de vida humana terrena que ela se apega convulsivamente à ela. Ela não consegue imaginar a vida além da existência humana material e luta contra a morte.

Os seres espirituais também gostariam de ajudar esta alma para que ela se desprenda mais facilmente do corpo. Mas, desde que uma pessoa não aceite ou não queira admitir sua morte, haverá limites estreitos para a disponibilidade de ajuda dos seres espirituais. Os seres espirituais puros respeitam o livre arbítrio.

A alma, que está tão orientada a esta vida terrena, permanece conectada a ela mais ou menos por meio de correntes de energia, mesmo depois de ter deixado o corpo terrestre. Em certo sentido, ela se apega à sua casa física, acreditando que a vida só é possível no corpo material. Sob certas circunstâncias, ela também sente o que acontece com o corpo sem alma, se está sendo enterrado ou levado ao crematório.

A alma se desprende de acordo com o seu estado de desenvolvimento

Da maneira como a pessoa viveu, da maneira como alinhou a sua alma, é assim que a alma continua a sentir e viver.

O que acontece com uma alma, por exemplo, em um acidente fatal? Se a alma é, por assim dizer, catapultada do corpo pela ação de violência, ela não pode se separar de seu corpo de forma legítima. Isso significa que, apesar de sua desencarnação, ainda está mais ou menos fortemente ligada ao corpo físico, dependendo da orientação espiritual da pessoa.

Com essa separação violenta, raramente é possível para a alma encontrar seu caminho imediatamente, mesmo que seu anjo da guarda e outros seres espirituais tentem cuidar dela. Por causa do choque que a alma sofreu, ela acredita que ainda está no corpo, já que por muito tempo continua a sentir o horror e a dor momentâneos e não desenvolveu nenhuma capacidade de discernimento.

O médico pode ter determinado há muito a morte física, o cadáver pode ser enterrado — mas a alma ainda acredita que está conectada ao seu corpo. Por causa desse choque, a alma pode viver não apenas por dias, mas até semanas e meses ou até mais, imaginando que ainda é humana, talvez doente ou ferida em um acidente, mas não morta.

Ela continua a viver nessas impressões, que sente como imagens. Nessas imagens da alma, ela acredita que está realmente vivendo, sentindo, pensando, falando e agindo no corpo físico. Ela pode continuar ir no seu antigo emprego porque pensa que ainda é humana. Ela se move no trânsito e usa nosso meio de transporte. Depois de deixar o corpo, entretanto, a alma não sente mais uma sensação de tempo e espaço. Frequentemente, ela vagueia pela Terra por um longo tempo até perceber que algumas coisas são diferentes do que ela estava acostumada como pessoa. Ela pode ir até aos amigos e se perguntar: "Ninguém mais está prestando atenção em mim, meu local de trabalho está ocupado por outra pessoa, estou sozinha. O que se passa comigo?"

Somente depois de tal percepção o mundo espiritual pode instruir a alma. Só quando a alma se conscientizar de que é um ser sutil e que seu corpo físico está enterrado há muito tempo, ela pode despertar como resultado da atividade de seu anjo da guarda e, de acordo com seu nível de consciência, seguir a sua jornada: Uma alma pode ser instruída e conduzida aos planos de purificação, uma outra talvez vá ao túmulo e espera ali a chamada "ressurreição da carne", como foi ensinada "em vida".

Como foi dito no início, a alma armazena tudo o que uma pessoa experimenta no curso de sua vida, incluindo todas as instruções religiosas. Se uma pessoa foi criada no modo de pensar de uma denominação e reconheceu que isso é válido para si mesma, então a sua alma geralmente permanecerá com essa confissão mesmo após a morte. Principalmente quando a instituição religiosa consegue convencê-la de que só ela pode salvar e que o reconhecimento de todos os seus ensinamentos é um pré-requisito para isso. Se essa alma é então libertada de seu corpo, ela continua com a ideia de que ainda pertence à sua igreja e ainda acredita, por exemplo, que só pode encontrar Deus no edifício de uma igreja.

Porém, Deus não está preso a um lugar, mas onipresente como espírito universal — também na própria alma. Enquanto a alma não o tiver compreendido, enquanto se agarrar ao que os mestres terrenos imprimiram nela como "verdade", esta influência continua determinante para ela. Então ela se fecha para aquilo que os mensageiros de luz da verdade eterna lhe querem dar a compreender. Ela não será capaz de encontrar facilmente seu novo caminho na vida após a morte e possivelmente irá aspirar sempre de novo por uma nova encarnação.

Quão diferente é o falecimento de uma pessoa que está intimamente ligada a Deus e se esforçou para viver o amor a Deus e ao próximo durante a sua vida terrena. Aqui pode-se falar em "voltar para casa". Essa pessoa sabe que a sua alma vem originalmente de Deus e recebe sua energia vital d'Ele. Ela sabe que em sua alma está a sua vida eterna e imortal. A alma, o ser espiritual anteriormente puro, está em contato com o seu Pai eterno e gostaria de retornar a Ele, ao lar eterno. A pessoa sabe que este corpo material pode ser comparado a um vestido que pode simplesmente ser tirado quando não for mais necessário. Anos antes de voltar para casa, a sua alma recebe impulsos com um conteúdo do seguinte sentido: Gradualmente, separe-se do seu corpo humano.

Vibrações de luz especiais fluem para a alma. Muito lentamente, ela retira as suas correntes de vida do corpo físico. Em torno dessas pessoas ligadas a Deus estão almas de regiões mais elevadas, na passagem estão antigos membros da família e o anjo da guarda. A alma que ainda está na pessoa sente-se feliz porque sabe que Deus, o Eterno, a chama de volta.

A pessoa pode olhar para trás mais uma vez enquanto espera pela chamada morte. Ela passa os olhos pela sua vida, pede perdão e perdoa onde há para ser perdoado. Ela pode até ver seres das esferas sutis e sentir a abundância que a cerca. Então o corpo terreno fecha os olhos e respira vigorosamente algumas vezes: A pessoa vê mais uma vez seres espirituais ou almas mais altamente desenvolvidas, almas iluminadas — então ela expira definitivamente e a alma sai do corpo. Ao mesmo instante, essa estrutura sutil e flexível se desdobra — a alma tem sua "firmeza" e vive consciente e alegremente na esfera vibracional espiritual para a qual passou. A alma está rodeada de luz. O espírito guardião ou as almas dos mundos mais elevados a instruem. A alma sente melodias, são vibrações do planeta para a qual a alma tende.

Cada alma é guiada de maneira diferente, dependendo de sua condição. Ela pode ver uma estrada, talvez um túnel, talvez uma bela campina. A alma ligada a Deus dá uma rápida olhada ao redor, pede por apoio aos parentes enlutados e segue adiante.

Esta alma fez progresso na vida terrena que está atrás dela. Ela se aproximou um pouco mais do Pai Eterno, por quem anseia, alguns passos adiante no caminho de volta para a luz.

Onde estarão as nossas almas um dia?

De acordo com a lei espiritual da gravitação: igual atrai igual, a alma irá para o plano de purificação que corresponde a ela, para as almas que correspondem a ela.

Se uma pessoa era egocêntrica em sua vida, determinada por seus instintos e desejos, se ela queria ter e possuir, não amava abnegadamente, odiava e invejava, apenas buscava suas diversões, então esses fardos foram marcados em sua alma. O que o ser humano não foi capaz de reconhecer e reduzir durante a sua vida terrena, a alma leva consigo após deixar o corpo físico.

A alma também pode continuar a se desenvolver mais e mais alto na outra vida, mesmo que não tão rápida e facilmente como na Terra no corpo humano. Mas se não for capaz de compreender ou aceitar a sua tarefa real, ela se juntará a todos aqueles nas esferas do além que têm os mesmos interesses, ou voltará à Terra e buscará os lugares onde ela uma vez satisfez as suas paixões.

As almas nas quais a atração pela matéria é particularmente forte, especialmente aquelas que são "viciadas", raramente encontram seu destino para um maior desenvolvimento no além. Elas retornam a esta Terra como as chamadas almas ligadas à Terra e tentam influenciar as pessoas com a mesma vibração, sendo que estas pessoas podem fazer o que as próprias almas não são mais capazes de fazer.

Milhões de almas inscientes e ligadas à Terra estão entre nós, nos cercam por toda parte, porque querem participar de nossas vidas. Elas literalmente pendem como uvas naquelas pessoas que vivem apenas no material terreno, porque elas podem influenciá-las. As almas também podem "extrair" as forças vitais dessas pessoas.

Portanto, se nutrimos pensamentos e sentimentos ruins, negativos, damos àquelas almas ligadas à Terra a oportunidade de nos influenciar. Essas almas, que correspondem ao nosso estado vibracional baixo e decaído, retiram força de nós e tentam nos segurar a esta vibração baixa e nos puxar ainda mais para baixo o quanto possível.

Se a pessoa já alinhou a sua alma com regiões elevadas, ela também será atraída para os mundos mais elevados após a desencarnação. Se a alma se voltou para Deus e para o SER eterno, também pode ser guiada pelas altas forças do SER. Ela terá os ensinamentos de que precisa e ganhará o conhecimento que a farão avançar. Sua consciência espiritual se expandirá gradualmente, os poderes divinos inerentes a ela se desenvolverão. A alma aceita o treinamento e os ensinamentos e também se desenvolverá mais nos âmbitos das almas.

Pelo que foi explicado, vemos: Se uma alma se desprendeu de seu corpo, ela se encontrará novamente em um mundo que corresponde ao seu estado de consciência. Se você quer saber como é este mundo para você, você só precisa se esforçar para ter autoconhecimento. A alma irá para o mundo ao qual o ser humano já se alinhou.

Portanto, só precisamos nos perguntar: "Meus pensamentos são positivos ou negativos? Eles são marcados de inveja, ódio, ressentimento, ciúme, ganância, inimizade, briga? Ou são amorosos e altruístas para com o próximo?" Pelas respostas, podemos ver como vão as coisas com o nosso ser humano e a nossa alma. Do mesmo tipo é também o ambito do além ao qual tendemos atualmente.

O que significa para a alma o luto dos que ficaram atrás?

Se uma pessoa morre, ela deixa para trás pessoas de luto. Muitas vezes, a morte de uma pessoa significa um corte profundo e doloroso na vida dos familiares e pode dar a eles uma direção completamente nova. No entanto, a dor e a tristeza devem ser superadas o mais rápido possível por aqueles que ficaram para trás. A maioria das pessoas acha difícil aceitar a morte de um ente querido sem ficar de luto por ele. Aceitar esse acontecimento, isto é, acreditar no significado desse evento sem ser capaz de compreendê-lo totalmente por enquanto, muitas vezes só é possível após um período de luto.

Esse luto também é sentido pela alma desencarnada e, portanto, ela é retida em seu desenvolvimento no seu caminho posterior. Se os enlutados se apegam ao falecido sem discernimento, querem agarrar-se a ele, desejam-no de volta, assim considerando-o como sua propriedade, por assim dizer, eles prendem a alma a esta esfera terrestre. A maioria das pessoas não se dá conta disso, nem mesmo que estão pensando basicamente em si mesmas e não na salvação daquele a quem pensam tanto amar. Esse "amor e tristeza" são, na verdade, egoístas.

As almas são muito mais sensíveis do que os humanos. Elas sofrem com a dor que seus entes queridos sentem por causa delas.

Os parentes devem, portanto, enviar pensamentos de amor à alma que parte e pedir a Deus que guie a alma adiante em seu caminho de purificação. Sob nenhuma circunstância a alma deve ser retida, nem por luto e lamentação, nem por desejos por ela.

Qual é o sentido da nossa vida terrena?

Por mais profundo que seja às vezes o horror pela morte de um ente querido, nós, humanos, tendemos a suprimi-lo rapidamente da nossa consciência de novo, pois a morte nos mostra uma perspectiva de vida que nós, em nossa rotina habitual e irrefletida facilmente esquecemos e muitas vezes queremos esquecer.

No entanto, cada experiência drástica em nossa vida, cada golpe do destino, nos dá a oportunidade de refletir, de nos autoanalizar. O sofrimento muitas vezes nos leva da superfície do vegetar terrestre para as profundezas, nos toca em áreas de nossa alma nas quais as forças da vida elevada estão adormecidas. Então, percebemos impulsos do espírito que, de outra forma, a nossa atividade humana barulhenta abafaria.

Não devemos ignorar o dedo de Deus, que nos indica para voltar a reconhecer o essencial. Devemos nos conscientizar de que o sentido da vida terrena não é saborear a vida na matéria.

Pois a nossa vida terrena é uma escola e um tempo de aprendizado. Devemos usar esse tempo. Se a nossa alma não alcançar a meta de aprendizado da vida terrena, então o ser humano enfrentará as mesmas tarefas em outras vidas terrenas e lutará por elas até que tudo seja dissolvido e expiado.

Portanto, é importante que nos alinhemos com a verdadeira vida eterna. É nossa tarefa converter tudo o que é negativo em nossa vida em positivo, para que no final, no livro de vida predomine o positivo ou só o positivo seja o balanço. Então, por meio do processo de purificação, a alma pode novamente se tornar um ser espiritual iluminado e puro e retornar ao Pai Eterno.

Isso não é possível por meio da "autorredenção", mas somente pelo reconhecimento do Cristo de Deus, que por meio de seu sacrifício no Calvário, colocou uma força adicional em cada alma, a qual nos sustenta, ajuda e nos guia para casa. Chamamos essa força de centelha de Cristo ou centelha redentora. Se, no entanto, uma pessoa não reconhece a tarefa de sua vida e não está pronta a trabalhar em si mesma para se purificar, e se ela não aceita conscientemente a Cristo como o seu Redentor, cujo poder causa a transformação do mal em bem, então a sua alma após a morte do corpo físico não progredirá, mas permanecerá nos planos de purificação com seus semelhantes de acordo com a lei "igual aspira igual" — ou se esforça de ir a uma nova encarnação.

Por 2.000 anos, o Espírito de Deus nos admoesta repetidamente que devemos nos orientar ao mais elevado, a Deus, o Eterno. Devemos perceber que o Espírito da vida está dentro de nós. Cada um de nós conhece os mandamentos da vida, como eles em sua essência estão contidos nos Dez Mandamentos de Deus transmitidos por Moisés, e ninguém pode dizer: "Eu não sabia nada sobre isso!" Repetidamente somos alertados hoje pela palavra divina-profética de prestar atenção à nossa alma, ao nosso corpo espiritual e imortal, de pensar, falar e agir positivamente.

É a tarefa da nossa vida viver o mandamento de todos os mandamentos, isto é, realizar e cumprir:

"Ame a Deus, teu Pai, acima de tudo e ao próximo como a ti mesmo!"

Se vivemos nessa orientação espiritual, então a nossa alma pode se libertar e se desenvolver ainda mais após a morte física.

É por isso que o Espírito de Deus adverte a todos: Dê atenção à sua alma!

A alma deixa a sua capa, o corpo terreno. Este morre. Este processo de desapego será diferente para cada pessoa, mas uma lei se aplica a todos:

Assim como a pessoa viveu, assim a sua alma também continuará a sentir e viver.

Vamos nos esforçar já agora para que a nossa alma se liberte de fardos e sombras, que se torne pura e luminosa. As forças divinas dentro e ao nosso redor nos ajudam a chegar mais perto de nosso objetivo, o lar eterno de luz, a paz e o amor, passo a passo.

II.

Perguntas e Respostas

Prefácio

Várias palestras foram dadas em várias cidades sobre o assunto deste escrito. Nas discussões que se seguiram às palestras, houve sempre um grande interesse por questões que iam além do material apresentado, o complementavam ou o tornavam mais preciso. Elas foram coletadas e classificadas, e algumas perguntas foram feitas de forma quase idêntica em lugares diferentes.

Pode-se presumir que os leitores deste livro terão perguntas semelhantes; portanto, uma seleção de perguntas e respostas essenciais está incluída aqui na Parte II.

Ajuda para os morrentes

1. *Quando uma alma se prepara para sair do corpo, ou seja, quando uma pessoa entra na fase de morrer, como devem se comportar os parentes e amigos?*

Tomemos consciência do que faríamos se um ente querido embarcasse numa longa jornada. Existe a dor da despedida, porque por muito tempo não teremos essa pessoa conosco. Faremos sua despedida com amor por ele. Acima de tudo, não o deixaremos sozinho, mas ficaremos com ele até que desapareça do nosso campo de visão. Vamos ajudá-lo em tudo o que ele tem que organizar, resolver e colocar em ordem antes de sua partida. Vamos fortalecê-lo com pensamentos positivos de confiança, acompanhá-lo com bons votos e não tornar desnecessariamente difícil para ele desapegar-se da estação de sua vida na qual viveu até agora.

2. Que ajuda podemos dar aos que estão a morrer?

Aqueles que estão a morrer não devem ser deixados à própria sorte. Deve haver uma pessoa com ele que seja devotada a ele de coração, que não fale insistentemente à alma ou à pessoa, mas simplesmente esteja lá, em oração silenciosa e em pensamentos amorosos.

Podemos bem falar com uma pessoa no leito de morte. Mas acima de tudo, nossa ajuda deve ser para a alma que se prepara para continuar sua jornada. Na hora da morte, ou seja, na passagem do corpo, a alma está mais desperta do que durante sua vida terrena. Assim, ela registra cada sentimento, cada pensamento, até mesmo cada palavra. A maior ajuda que podemos dar consiste em explicar e preparar cuidadosamente esta alma para a sua transição.

A oração é importante porque ajuda a criar uma conexão com Cristo dentro de nós; a saber, a oração junto com a pessoa em questão, se ela assim o desejar e enquanto isso ainda for possível, bem como a oração por ela, isto é, por sua alma, que ainda possa perdoar e assim se libertar de alguns fardos.

3. *O que e por quanto tempo podemos falar diretamente à alma do morrente e depois do falecido?*

Quando a pessoa já estiver inconsciente, imediatamente antes da passagem, durante a passagem e também pouco depois. Empatia é necessária aqui, quanto e o que você diz a ela. Dependendo da consciência do falecido, pode-se apenas informar brevemente a ele ou a sua alma sobre o processo de morrer, sobre o desligamento da alma do corpo, e então torná-lo ciente de seu anjo da guarda, que quer continuar conduzindo a alma. O que dizemos a uma alma além disso também depende do relacionamento que temos com a pessoa que está morrendo, se gostaríamos de lhe dar mais algumas palavras amorosas; também pode ser que devemos perdoar e pedir perdão. Em todo caso, como eu disse, não devemos insistir com a alma, mas confiá-la a Cristo em amor o mais rápido possível.

4. *O tema "eutanásia" é discutido na mídia. O que a redução do sofrimento significa para a alma, trazendo ativamente uma morte mais rápida, por exemplo, por piedade?*

Nem todo o alívio que se gostaria de dar ao morrente é uma verdadeira ajuda para sua alma. Podemos e devemos apoiar o corpo que está sofrendo e partindo, mas não adiar a chamada morte com medicamentos nem encurtar a vida terrena com medicamentos.

A real e positiva ajuda para morrer consiste em preparar a pessoa para a passagem do corpo e, se assim o desejar, acompanhá-la na conversa e na oração. No caso de dor intensa, a medicação analgésica pode ajudar a manter a consciência da pessoa e da alma para deixar o corpo físico. Na lei de causa e efeito, a doença e o sofrimento servem para purificar a alma, portanto, do ponto de vista espiritual, têm seu sentido e o cumprem ainda mais se forem aceitos como possibilidade de autoconhecimento e também de expiação.

5. *Isso significa que uma pessoa que realiza essa eutanásia ativa está colocando fardos sobre si?*

Mais ou menos sim, depende também da motivação e da atitude interior. Basicamente, o seguinte se aplica de acordo com as leis espirituais da vida: Quem intervém no curso da vida terrena, quer a encurte ou a prolongue a qualquer custo, está colocando fardos sobre si. Se eu conheço uma lei espiritual e a transgrido, ela tem mais peso do que se eu agir por ignorância e de boa fé.

6. *Se eu levei a cabo "eutanásia ativa" e depois reconheço que não agi bem — como a alma pode me perdoar?*

Não devemos estabelecer uma conexão direta com a alma, mas antes orar a Deus para que Ele possa ajudar essa alma. Pois Cristo está em cada alma, Ele é a conexão — por meio d'Ele podemos pedir perdão à alma.

Portanto, devemos apenas pedir perdão à alma por meio do poder redentor do Cristo de Deus.

Ajuda médica

7. Estou agindo corretamente no sentido do Espírito ao doar sangue?

Cada célula do corpo carrega a vibração muito específica daquele a quem pertence. Portanto ela serve a ele como parte do todo. Só pode exercer essa função no lugar a que pertence. Se tais células — aqui o sangue — são transferidas de uma pessoa para outra, resultam em discrepâncias vibracionais. Se a interação das forças coordenadas for perturbada, isso geralmente levará a dificuldades. Isso deve ser levado em consideração ao decidir se deve ou não fazer uma transfusão. Do ponto de vista espiritual, existem bons motivos para rejeitar as transfusões e, principalmente, os transplantes. Como em tudo, o livre arbítrio também é crucial aqui.

O Espírito de Deus explica sobre as correlações espirituais. Se uma pessoa é capaz de reconhecer essas correlações e seguir esse conhecimento em uma emergência aguda, dependerá do estado de sua consciência espiritual. Ninguém tem o direito de culpar ou condenar o próximo por uma decisão que toma, porque devemos sempre respeitar a livre vontade do outro.

8. *Todos nós temos o dever de manter a vida. Agora, se uma criança é incapaz de viver e é mantida viva por intervenções médicas, não se pode dizer que ela foi tratada injustamente?*

O fato de a vida de tal criança ser preservada pode ser baseado na possibilidade duma tarefa da alma para esta encarnação. A preservação da vida terrena a todo custo e com todos os meios, entretanto, não está no sentido da lei eterna. Se uma criança morre prematuramente, devemos saber que a "alma de uma criança" pode se desenvolver mais rapidamente na criança e depois nos âmbitos do além.

Em relação à afirmação: "Todos temos o dever de preservar a vida", surge a pergunta: qual vida nós, humanos, entendemos por isso? Nossa verdadeira vida é espiritual, a vida eterna, não aquela que está apenas relacionada ao momentâneo terreno.

9. *Mas não há coincidências. Os médicos são ferramentas neste caso. Os médicos não devem ter veneração pela vida?*

Cada ser é informado sobre o que esperar da vida terrena antes de encarnar. Portanto, quando uma criança se despede depois de apenas um dia terreno, isso pode ser uma graça para a alma. Se, porém, retemos "artificialmente" uma alma no seu caminho, tornamo-nos cúmplices das possíveis consequências para o desenvolvimento da alma, de acordo com a lei da semente e da colheita.

Se a criança pode ser mantida viva, isso só é possível porque essa possibilidade também está enraizada na alma. Os médicos, entretanto, devem saber tanto sobre as leis espirituais que só intervêm se forem responsáveis por fazê-lo perante essas leis. Em geral, devemos nos esforçar em qualquer caso para seguir as leis da vida do Eterno Todo-Um e fazer delas a diretriz de nossas ações. As altas forças que atuam na vontade de Deus sempre nos conduzem à nossa salvação, quer reconheçamos isso no momento ou não.

Saída da alma do corpo

10. Como é quando a alma sai do corpo durante a vida?

A alma pode emergir do corpo especialmente no sono profundo e durante a inconsciência, mas ainda está conectada ao corpo com o chamado cordão de prata (como um cordão umbilical infinitamente elástico).

Dependendo de sua consciência, a alma então fica em áreas espirituais correspondentes e, como sabemos por aqueles que foram reanimados, isto é, aqueles que foram chamados de volta à vida terrena, pode trazer ensinamentos espirituais consigo "de lá".

A alma de uma pessoa que está morrendo também pode sair temporariamente do corpo. Para uma alma que está prestes a abandonar o seu corpo, separar-se do corpo físico pode ser muito mais fácil dando uma pequena olhada nos reinos celestiais.

11. Como é a aparência da alma depois de deixar o corpo?

Ela se assemelha ao seu antigo corpo terreno; então, ela se refina e rejuvenesce de acordo com seu desenvolvimento espiritual.

12. A maioria das pessoas tem medo da passagem, ou seja, o medo de morrer ...

O processo de morrer é semelhante ao de nascimento. O nascimento para a vida material é um evento completamente natural para nós, humanos — para a alma é a mudança para o nível da matéria. Em comparação, morrer é um nascimento nos mundos espirituais.

A melhor preparação inigualável para a nossa mudança à forma sutil é de ser consiste em alinhar-se com os reinos espirituais de luz durante o tempo terrestre como ser humano. Isso acontece quando nos dirigimos ao Espírito do interior, a Deus, nosso Pai eterno, e por meio de uma vida de acordo com o Seu mandamento de amor a Deus e ao próximo. Aqueles que estão preparados para enfrentar o fim de sua vida terrena atual não terão mais medo, mas sim esperança e confiança na sua orientação em Cristo.

13. *Como uma pessoa pode ter esperança e confiança se só conheceu o caminho pouco antes de sua morte física, quando só então reconhece qual caminho deveria ter trilhado?*

Cada insight abre imediatamente um caminho no qual podemos seguir esse insight. Estamos sempre certos de ser guiados pelo Espírito de Deus, pelo poder do Cristo de Deus, se estivermos prontos para aceitá-Lo. Instrução, conselho e ajuda do Espírito de Deus estão sempre disponíveis para todas as almas no aquém como no além. Podemos colocar a nossa esperança e confiança nisso.

Quando há um fardo na alma que só pode ser reconhecido e reduzido quando a pessoa vive "no mundo" por um tempo, então essas experiências são necessárias para o desenvolvimento de sua alma para que possa ter um insight e possa continuar a ser guiada. Assim, frequentemente, ela ainda pode percorrer uma boa distância no caminho para Deus nesta vida terrena.

14. *Uma pessoa morre e é considerada clinicamente morta. Ela realmente experimentou o morrer; ela sabe que morreu, foi seu último pensamento. No entanto, é trazida de volta à vida. Então, a mesma alma volta para essa pessoa?*

Com certeza, pois a separação da alma do corpo ainda não foi concluída, caso contrário, ela não poderia ser trazida de volta — o cordão de prata ainda conecta corpo e alma.

15. *Em caso de morte num acidente, a alma é catapultada para fora do corpo muito repentinamente. A alma tem dificuldade de se adaptar após uma rápida desencarnação?*

Quando uma alma é repentinamente catapultada do corpo, isso geralmente significa um choque para a alma. Mas também temos que diferenciar aqui: é uma pessoa que começou a se alinhar com Deus, ou é uma pessoa espiritualmente ignorante, possivelmente apenas orientada à matéria?

Decisiva para a condição da alma após sua desencarnação é, em qualquer caso, a consciência que ela desenvolveu durante esta escola terrena. A alma sombreada leva a consciência de seu antigo humano consigo para o além — sua consciência não se estende além do terrenal, do material. Os seres espirituais que vêm ao seu auxílio não são reconhecidos ou mesmo rejeitados. Assim, pode levar muito tempo para que essa alma compreenda e aceite a sua nova situação.

Uma alma orientada para o espiritual, por outro lado, aceita com gratidão a ajuda oferecida pelo lado espiritual e também é capaz de encontrar seu caminho para os planos de purificação correspondentes sem muita dificuldade.

16. *E quanto às almas daqueles que foram assassinados ou sentenciados à morte?*

O condenado à morte sabe que vai passar para o outro lado. Ele se preparará para isso — de acordo com sua consciência — e experimentará ali o que corresponde à vibração de sua alma.

Se alguém é assassinado repentinamente, é provável que a situação seja semelhante à da vítima dum acidente.

Não importa como se dá o processo de morrer — no além, está à espera de cada alma aquilo que corresponde à sua consciência. Cada alma é instruída, ela tem a oportunidade de reconhecer seus fardos, e o caminho para a purificação é mostrado. Aceitar ou não os ensinamentos está no livre arbítrio de cada alma.

17. Quando a alma deixa o corpo, ela vê a Divindade?

Também aqui o estado de consciência da alma é decisivo. Se uma alma já está totalmente purificada naquele momento, não demorará muito para que ela chegue à vista de Deus. Mas a maioria de nós ainda tem que percorrer os planos de purificação por algum tempo antes de podermos nos apresentar a Deus como uma alma iluminada.

Enterro do corpo, Contatos com falecidos

18. A cremação é prejudicial à alma? É permitido queimar o corpo?

Isso, por sua vez, depende do estado de desenvolvimento espiritual do indivíduo. Quem utilizou a sua vida terrena pode separar a sua alma do corpo mais rapidamente.

Enquanto a pessoa ainda estiver muito ligada à terra, a alma sentirá dor quando o corpo for queimado, pois ainda está mais ou menos conectada ao corpo anterior.

19. Podemos pensar nos mortos ou, com isto, estamos atraindo-os de volta à Terra?

Depende do conteúdo dos pensamentos. Os pensamentos são forças e tem a capacidade de atar. O melhor que podemos fazer por aqueles que deixaram a Terra antes de nós é liberá-los com amor para a sua nova vida. Assim que nos é possível, devemos parar de vê-los como parte de nossa vida terrena.

As orações abnegadas pelos nossos mortos são o mais belo serviço de amor que podemos prestar-lhes.

20. *Será que não é muito natural para mim pensar em meu filho falecido, em meu marido falecido? Eu não tenho que honrar a memória deles?*

Isso é certamente compreensível, especialmente no princípio após a morte de um ente querido. Mas certamente queremos o melhor para ele e devemos, portanto, como disse, liberar a sua alma com amor para a sua nova vida.

Também pode nos ajudar a ter consciência de quem é o "meu marido", "meu filho". Ambos não são propriedade nossa. São espíritos ou almas independentes que percorreram uma parte do caminho ao nosso lado nesta jornada terrestre, para que possamos purificar e desfazer o que nos liga uns aos outros na lei da semente e da colheita. Devemos também agir em relação a eles de acordo com o mandamento de amor que nos é oferecido para com todos os nossos próximos. Quando se encerra o caminhar juntos, isto é, quando eles se separam da vida terrena, não devemos detê-los. Deixá-los irem em liberdade, não amarrá-los a nós por meio de possessão inapropriada, isso é o amor verdadeiro e altruísta. "Manter com honra sua memória" — não é diminuído com isto.

21. Com o que é que os parentes enlutados retêm a alma de um falecido na Terra?

Por um lado, através dos pedidos basicamente egoístas dos enlutados no sentido de: "Fica aqui! Não nos deixe! Ajude-nos!" Via de regra, uma alma não pode evitar essas súplicas. E em segundo lugar, através do vínculo que não é dissolvido pela morte — por exemplo, dependências, o não perdoado, o não expiado, acusações e coisas semelhantes.

Além disso, lembre-se: o luto pode facilmente se transformar em autocompaixão.

22. *Deve-se ir ao cemitério por anos para visitar o túmulo de uma pessoa falecida, ou isso prende a alma a si mesmo?*

Se a alma reconheceu a verdade e, portanto, o seu caminho espiritual, ela não se permite ser detida por isto. Isso, por sua vez, depende do estado de consciência da alma.

A visita aos túmulos também pode ocorrer por tradição ou autocompaixão por parte do enlutado e manter um vínculo tanto com o enlutado, bem como com uma alma, que de qualquer maneira ainda tende para as coisas terrenas, que deveriam ser realmente dissolvidas.

23. Pode-se pedir perdão a uma pessoa falecida?

Sim, mas não se deve dirigir-se a ela diretamente, caso contrário, atraímos a sua alma de volta à Terra. Devemos pedir perdão ao falecido por meio de Cristo.

24. Ouvi dizer que iremos nos encontrar novamente como almas nos planos celestiais ...

Cada alma só pode se elevar na medida em que se desenvolveu. Portanto, é uma questão do mesmo tipo de vibração se podemos nos encontrar nos âmbitos do além.

Quando tivermos concluído nosso caminho de purificação, nos reuniremos novamente como seres espirituais no lar eterno com todos os nossos entes queridos.

25. Como você avalia a genealogia?

A genealogia não está na lei de Deus, porque os genealogistas se ligam ao passado comparativamente "desenterrando os mortos", possivelmente trazendo-os de volta e atando-os novamente. Ele mesmo e as almas de seus ancestrais corporais são, portanto, retidos em seu desenvolvimento contínuo. Se ainda houver almas ligadas à Terra entre eles, assim pode ser que podemos dar-lhes a oportunidade de se apegar a nós, a fim de eles realizarem através de nós aquilo do qual ainda não se libertaram.

Os mensageiros auxiliares de Deus trabalham incansavelmente por cada alma, eles têm altas forças de luz à sua disposição. Os seres espirituais encarregados da proteção, instrução e orientação da alma servem-na com o poder do amor e da sabedoria divina, e farão todo o possível para levar o seu protegido para onde ele mesmo seja mais feliz. Seu trabalho é limitado apenas pelo livre arbítrio da alma, que pode aceitar ou rejeitar a ajuda.

Mas o que podemos fazer pelas almas de nossos ancestrais físicos é orar por eles. Pode-se ajudar por meio da oração; isso é legitimo.

26. O que se pode fazer se uma alma — apesar de nossa oração — continua voltando para nós?

Aqui podemos primeiro nos perguntar com quais pensamentos ou sentimentos estamos eventualmente a segurar a alma — e então purificar isto! Continuemos também a orar, todavia, não à alma, mas a Cristo. Pedimos a Ele que ajude a alma a se soltar e a continuar seu caminho. Existe um grande poder na oração abnegada.

Como resultado de nosso próprio avanço espiritual, é possível que sejamos libertos da intromissão de uma alma — uma alma ligada pode vir a refletir quando experimenta como uma pessoa se afasta de sua influência, por meio do avanço espiritual. Desse modo, a alma pode chegar ao insight e, por sua vez, tomar o caminho da luz.

27. Como podemos ajudar uma pessoa morta com oração quando tudo procede de acordo com a lei de causa e efeito?

Tudo é energia — então a nossa oração abnegada é uma força positiva que pode beneficiar a alma de um falecido. Isso pode mitigar o efeito da causa semeada. Somente o Pai Eterno sabe até que ponto o efeito será atenuado ou cancelado. O certo é que Deus, o Eterno, é o Doador Eterno em tudo o que faz. Ele sabe melhor como guiar e ajudar os Seus filhos.

28. Não é presunção pedir ao Pai Eterno?

Devemos até mesmo pedir a nosso Pai Eterno que dê mais força às almas para que possam se arrepender. Cristo sempre nos diz: "Ore pelo seu próximo." Como disse, por meio da atenção amorosa na oração, energia positiva pode ser liberada.

29. . É permitido orar ao espírito guardião?

Ore ao Pai Eterno ou a Cristo. Isso também permite que você alcance o espírito guardião. Se você quer pensar com amor no espírito guardião, isso também tem seu efeito — mas sempre ore ao Altíssimo, ou seja, ao Pai Eterno ou a Cristo.

30. Pode-se orar por uma alma desencarnada?

Devemos orar a Cristo para que dê força à alma para o reconhecimento, mas nunca ore diretamente à alma, pois existe o risco de ligá-la a nós. Portanto, devemos sempre recomendar uma alma à orientação do Cristo de Deus.

Suicídio

31. Como ocorre a morte em caso de suicídio?

No caso de suicídio, a separação da alma do corpo ocorre de forma semelhante à descrita acima. O que a pessoa e a alma sentem, entretanto, é sempre diferente, dependendo do estado de consciência e da carga da alma.

Mesmo a alma de um suicida após a desencarnação é capaz de se arrepender do que fez ao olhar para trás — nenhuma alma se perde, porque Deus, o Eterno, traz todos os Seus filhos de volta ao lar eterno, de onde um dia partimos.

Em relação ao suicídio, entretanto, é preciso dizer que, em princípio, não é possível escapar das causas autocriadas e de seus efeitos. A alma leva as suas causas consigo para os âmbitos do além, e terá que removê-las mais tarde. Acontece que o suicídio pesa na alma por muito tempo, muitas vezes ao longo de várias encarnações posteriores.

32. A hora da morte é predeterminada no caso de suicídio?

Não, ao dar um fim prematuro à sua vida terrena, ou seja, ao cometer suicídio, ele executa uma forma drástica de obstinação humana ilegítima, mesmo quando o faz por desespero e adversidade.

33. *Qual é a consequência do suicídio para a alma em questão?*

Difere de alma para alma, dependendo do que está presente. Basicamente, pode-se dizer: A alma de uma pessoa que tira a vida terrena de si mesma não pode continuar imediatamente para ascender passo a passo aos mundos puros; ela vive em imagens da alma com todos os seus problemas que a levaram ao suicídio, mas não tem mais as possibilidades, como antes na vida terrena, de resolver esses problemas.

34. *Os suicídas podem reencarnar?*

Toda alma que ainda tem fios de carga amarrados à Terra vai querer voltar à Terra, isto é, voltar a encarnar novamente.

35. *No além, tudo deve ser melhor organizado. Deve haver seres angélicos que guiam as al-*

mas e as ajudam. As almas não podem vagar infinitamente!

Não há falta de organização e anjos, mas as almas que eram teimosas e incapazes de serem instruídas como pessoas na Terra também o são no além. É por isso que o instruir geralmente é tão difícil. E nós, humanos, também não fazemos muitas coisas que sabemos que não deveríamos fazer?

Mas essas almas não vagam "infinitamente". A ajuda é oferecida a elas o tempo todo, e em algum momento, essa ajuda dará frutos. Em cada alma sobrecarregada está a força que a impulsiona e leva ao lar, a centelha de Cristo. Por meio dela, cada alma encontrará sua libertação, mais cedo ou mais tarde.

36. *Observei uma mãe saudável adoecer de câncer. Ela então se matou com comprimidos porque estava desesperada. Ela não fez nada de errado, não é?*

Uma doença sempre quer dizer algo à pessoa afetada. Quando uma doença surge no corpo, geralmente significa que o fardo da alma deseja fluir para o corpo material — assim, todo um complexo de causas definidas pode ser liberado da alma para o corpo.

Quando tentamos bloquear o fardo que surge da alma, isso nos atinge de volta em nosso desenvolvimento espiritual.

Devemos, portanto, praticar para nos voltarmos ao Médico Interior e Curador, Cristo, em gratidão, quando somos apoderados pelo sofrimento físico e estamos próximos do desespero. No caso presente, a mulher poderia ter tomado, por exemplo, analgésicos como suporte e, com a ajuda de Cristo, poderia ter reconhecido o fardo de sua alma e possivelmente purificado muito. Isso não é possível para ela tão rapidamente nos âmbitos das almas. — Sob certas circunstâncias, a cura pode até ter sido possível.

37. *Acabou de ser dito que a mulher deveria ter tomado analgésicos. Sempre pensei que o Espírito de Deus não é a favor dos analgésicos ...?*

Não há proibição nos mandamentos de Deus; todos são livres na sua decisão. A motivação e a atitude do indivíduo são sempre essenciais. Por meio de analgésicos, por exemplo, as pessoas idosas e gravemente enfermas podem tornar a dor mais suportável para que ainda possam se concentrar em Deus, o Eterno, nos seus últimos dias.

Semente e colheita e reencarnação

38. *A morte já é programada durante o nascimento?*

Sim, mas por meio de um comportamento errado podemos encurtar a nossa vida; e por meio de um comportamento correto em circunstâncias especiais, também podemos prolongá-la.

39. Como avaliar os erros que se comete por ignorância?

Eles não têm consequências tão sérias como quando alguém, que conhece, comete um erro. Quando alguém chega à compreensão, pode pedir perdão pelos erros cometidos anteriormente. Em outras palavras, pede-se perdão à parte ofendida. Se esta não está mais em vestes terrestres, então pede-se seu perdão por meio de Cristo. Dessa forma, a intenção certamente chegará ao seu destino.

40. Quando a carga da alma flui para um corpo doente e a alma atravessa para o outro lado, a alma leva resquícios com ela?

Se houver resquícios ainda, então a alma as leva consigo.

41. Qual é o sentido quando um bebê morre?

Frequentemente, a alma só precisa expiar um fardo muito pequeno, do qual já pode se liberar com a curta encarnação num corpo humano.

42. Não é um castigo especial ter que morrer quando criança ou até mesmo morrer no nascimento, não chegando a ter uma vida?

Nós, seres humanos, estamos tão acostumados a ver a nossa vida terrena como *a* vida por excelência, que muitas vezes nos é difícil aceitar aquilo do qual o Espírito de Deus nos quer tornar conscientes. A nossa vida verdadeira, original e inextinguível é a nossa existência espiritual. Esta existência espiritual existia antes de nossa encarnação e continuará a existir depois dela.

A alma da criança, que deixa o corpo terreno novamente após uma curta estadia no temporal, portanto, não perde a sua vida, mas pelo contrário, ela continua o seu caminho de volta ao lar eterno;

no além ela é acompanhada por seres espirituais. Esse conhecimento ajuda os pais e entes queridos a superar o choque da morte inesperada de seu filho com mais facilidade.

Sob certas circunstâncias, uma encarnação em si mesma significa a remoção de fardos. Sendo que a criança não tem tempo para se carregar novamente, essa curta encarnação da alma tira parte ou mesmo o resto da carga que ela carregava anteriormente.

43. *Nossos corpos são semelhantes de encarnação à encarnação?*

Sim.

44. *Com quais almas nos reunimos novamente?*

Essa é uma questão de vibração e carga semelhantes. Igual sempre atrai igual.

45. *Quando a alma perde sua memória do passado?*

A alma se lembra de suas vidas anteriores nos planos espirituais; quando ela entra numa nova encarnação, a memória é coberta. Nós, seres humanos, não devemos nos esforçar para obter conhecimento sobre a nossa vida passada. O que devemos reconhecer agora para trabalhar no nosso caminho até uma consciência mais elevada é mostrado a nós nesta vida terrena com a energia do dia.

46. *Sabemos que todos nós já estivemos na Terra algumas vezes. Se minha alma já deixou meu corpo, saberei de minhas vidas anteriores o que fiz?*

Sim, então saberemos novamente sobre nossas vidas anteriores.

47. *E se eu não tiver continuado a me desenvolver?*

Se não usamos uma vida terrena para desenvolver o amor a Deus e ao próximo, então temos a sensação de que não cumprimos a tarefa desta encarnação, ou seja, não usamos a energia e o poder divinos; é possível que temos nos sobrecarregado ainda mais.

Também podemos ver desta forma: Se não alcançamos a meta de uma classe na escola aqui na Terra, temos que repetir a classe antes de podermos avançar para a próxima classe.

48. *Uma alma pode olhar para dentro de sua família do passado?*

Sim, mas não deveria. Uma alma mais desenvolvida não tem necessidade disso.

49. *À minha liberdade também pertence a visão geral para poder reconhecer meus próprios erros?*

Claro, vamos conseguir isso também. Antes da passagem terrena, mostra-se à alma as possibilidades da encarnação à sua frente.

Depois de deixar o corpo, a alma pode novamente reconhecer tudo o que foi capaz de cumprir na encarnação anterior, e também o que ainda está por vir.

Como num filme de lapso de tempo, a alma pode reviver a sua última vida terrena antes de deixar o corpo físico. Ela então reconhece por si mesma o quanto conseguiu realizar os seus planos, se ela alcançou a chamada "meta de classe", se ela se aproximou um pouco mais de seu lar eterno.

50. *Se uma pessoa encarnar novamente e tiver experimentado algo ruim numa vida anterior que lhe causou muito tormento e que agora está armazenado na alma — ela então ouvirá um aviso em si mesma quando algo do mesmo tipo está se aproximando, para que possa se esquivar de fazer a mesma coisa de novo?*

Sempre somos avisados por nossa consciência, por impulsos interiores, quando tal perigo se aproxima. A questão é se queremos ouvir e agir de acordo.

O Espírito de Deus não nos deixa ignorantes. Hoje, em nosso tempo, nos é oferecido a seguir o Caminho Interior. Quanto mais o conhecimento em nós — sobre nós — aumenta, mais nos tornamos cientes do que está armazenado nas capas da alma. Aos poucos, imagens da alma vão surgindo em nós. Desta forma, podemos superar o passado passo a passo. Portanto, não é que permaneçamos ignorantes sobre nossos fardos.

51. *Como é, por exemplo, quando civis morrem repentinamente devido aos efeitos da guerra, ou seja, sem qualquer culpa reconhecível? Eu já sei que isso também é carmicamente condicionado, mas talvez alguém possa explicar isso novamente.*

Sabemos pelos ensinamentos do Espírito de Deus: tudo é energia e nenhuma energia se perde — nós, humanos, também conhecemos isso da ciência, assim como o princípio: ação causa reação. A tradição diz que o que uma pessoa semeia, ela colherá.

Cada causa definida entra em vigor em algum momento, a menos que a pessoa tenha reconhecido seu erro a tempo, se arrependido, pedido perdão — e obtido perdão — e, se possível, reparado aquilo pelo que foi responsável.

Principalmente no que diz respeito a matar, Jesus de Nazaré ensinou claramente: "*Quem empunhar a espada morrerá pela espada.*" Portanto, se as pessoas que não estão envolvidas em um ato de guerra, mas sofrem com isso ou mesmo morrem, assim é bem possível que por meio de pensamentos belicosos e da afirmação de conflitos armados, ou seja, também por meio de suas ações mentais, elas estivessem envolvidas nisso ou, em uma vida terrena anterior, fossem também responsáveis pelo fato de muitos de seus semelhantes naquela época terem morrido em eventos bélicos. Por elas agora morrerem num ato de guerra, a alma tem a oportunidade de remover esse fardo.

No entanto, isso de forma alguma desculpa o perpetrador, porque ao matar uma pessoa, ele violou a lei do amor ao próximo e o mandamento de Deus "Não matarás" e, assim, criou uma nova causa.

Como disse, essa é *uma* possibilidade na lei da semente e da colheita. Quem contribuiu qual participação em uma causa e quais efeitos correspondentes devem ser suportados pelo indivíduo é precisamente pesado e medido de acordo com a justiça cósmica.

Planos de purificação

52. *Após a morte do corpo, não há mais espaço ou tempo para a alma. Mas onde estará a alma então?*

Isso depende inteiramente do estado de consciência de cada alma, dependendo de como a pessoa viveu e se ela ainda está fortemente ligada à Terra ou se escuta as dicas úteis de seu espírito guardião, que a acompanha na vida do além em seu caminho posterior através dos planos de purificação.

O SER eterno tem sete dimensões e não tem nada a ver com a nossa percepção de espaço e tempo.

Na compressão crescente durante a Queda, surgiram sete âmbitos da Queda, sete planos diferentes de vibração. No entanto, eles não são organizados em estágios, mas fluem um para dentro do outro. Cada planeta nas várias galáxias é cercado por todos os sete planos. Após a morte do corpo, a alma vai para um dos quatro planos de purificação, onde encontra a vibração que corresponde ao estado de vibração de sua alma. Se ela segue o caminho da purificação da alma e não é atraída para uma nova encarnação, então, muito gradualmente, ela chega em seu novo caminho nos três planos preparatórios, nos quais ela se prepara para o retorno ao lar como um ser espiritual puro novamente no SER eterno.

53. *Ouvimos dizer que a alma é atraída para seu plano de purificação correspondente. O que acontece lá?*

A alma é o livro da vida que contém todas as expressões da vida humana, armazenadas em imagens como num filme. Como almas nos planos de purificação, vemos tudo em imagens, vivemos nelas e sentimos em nosso corpo anímico o que as imagens nos transmitem, luz e sombra — o bom, o menos bom, o que causamos ao nosso próximo e também às nossas co-criaturas, os animais.

Cada pessoa é diferente, e cada pessoa morre de maneira diferente — e assim, na vida no além, cada alma é individualmente instruída e conduzida.

Como cada alma se comporta e se a alma aceita os ensinamentos depende de seu livre arbítrio; nenhuma alma é forçada a nada.

54. A Terra é o único lugar onde todos os níveis de consciência existem simultaneamente e uns com os outros. Existem outros planetas nos quais vivem seres totalmente materiais?

A Terra é o único lugar onde vivem seres materiais.

55. *Diz-se que a Terra é o ponto mais baixo do universo. As almas que estão na Terra — são apenas as almas que estão mais distantes de Deus, ou podem outras almas também estar aqui na Terra, com ou sem corpo?*

A Terra é o ponto do universo mais distante de Deus e o único lugar onde estão seres de todos os estágios de desenvolvimento e de todos os níveis de consciência. É habitado tanto por pessoas com almas que se distanciaram extremamente de Deus, quanto por pessoas com almas que mostram um maior grau de maturidade espiritual. Portanto, existem pessoas em nosso planeta de todos os estágios de desenvolvimento espiritual até seres de luz puros que encarnaram nesta Terra para levar para casa, para salvar as almas caídas e sombreadas.

Muitos seres espirituais puros servem como anjos da guarda entre as pessoas da Terra, assim como fazem em todos os âmbitos da Queda.

Das almas desencarnadas, apenas as almas ligadas à Terra e fortemente sombreadas ficam na esfera da Terra.

56. *Eu li em algum lugar que depois que o corpo morre, a alma vai a certos âmbitos do além e ali descansa e então é instruída. Agora, não estou totalmente em acordo com as almas ligadas à Terra.*

Ouvimos anteriormente que a situação das almas quando fazem a passagem é muito diferente uma da outra. Conforme a árvore cai, ela permanece lá.

Se alguém é unicamente orientado à matéria e só considera a vida externalizada aqui nesta Terra como "vida", então a sua alma vai querer continuar a ser ativa na Terra, e não buscará a oportunidade de continuar a seguir o seu caminho; e muitas vezes não irá dar ouvidos aos ensinamentos dos seres espirituais.

Por causa de seu livre arbítrio, ela permanece na esfera terrestre e permanece uma alma ligada à Terra — até que ela tenha um insight e deixe o anjo-guia conduzi-la em seu caminho para os planos de purificação.

57. *Então, nem toda alma verá automaticamente a luz após a sua desencarnação ...*

Assim é — como disse: assim como a árvore cai, ela permanece lá.

58. *Qual é a tarefa ou trabalho de uma alma após a morte física?*

De iluminar e purificar todas as partículas da alma que ela sobrecarregou. Esta iluminação e purificação se dá pelo fato de ela reconhecer seus erros, se arrepender e despertar em si o amor a Deus e ao próximo. Isso também é possível como alma, por meio do serviço de amor abnegado a outras almas.

59. *Será que após a morte da pessoa, a alma pode retornar em forma de um animal?*

A encarnação de uma alma em um corpo animal não é possível.

60. *Uma alma pode se desenvolver ainda mais no estado de alma. Ela também pode colocar mais fardos sobre si?*

Colocar mais fardos sobre si não é possível, mas pode permanecer no estado em que se encontra por um longo período de tempo, ou seja, não progride ou progride apenas lentamente.

61. *Se uma pessoa bebia muito, de modo que sua alma agora, ligada à Terra, vai para as hospedarias e se apega aos bebedores para beber com eles — a alma não se sobrecarrega aí?*

Mesmo uma alma ligada à Terra não pode colocar mais fardos sobre si. Ela vive um sonho, por assim dizer, mesmo que se apegue aos bebedores, por exemplo, e pense que bebe com eles. Cada pessoa, incluindo o bebedor, tem um livre arbítrio que não precisa ser subordinado a uma alma ligada à Terra. Uma pessoa em vestes terrestres não se coloca mais fardos se, por exemplo, comete um crime num sonho.

62. *A alma ligada à Terra tem a liberdade dos tolos, por assim dizer? Pode agir ilegalmente sem quaisquer consequências para si?*

Uma alma ligada à Terra só pode afetar pessoas que se deixam influenciar. Enfrentamos muitos perigos e tentações na Terra. Temos que nos provar constantemente. Só podemos nos impor fardos se cedermos a essas influências.

63. *Onde os criminosos se encontrarão após a morte? Criminosos como assassinos, por exemplo, ou pessoas que maltratam a natureza?*

A alma desencarnada sente, pensa, deseja e se comporta como o ser humano era. Ela se comporta conforme corresponde ao seu estado de consciência e permanece na sua gama de vibração.

De acordo com a lei "igual atrai igual", ela está cercada por seres parecidos: se ela estiver na Terra, por pessoas que correspondem à sua gama vibracional; se está nos níveis de purificação, novamente por almas vibrando igualmente. Nos âmbitos das almas, uma alma é quase inteiramente cercada por seus semelhantes; as almas que oscilam de forma semelhante agem sobre ela como imagens no espelho. Ela é também mantida lá por uma espécie de espírito de grupo. Mas mesmo essas almas não estão sem o seu espírito guardião, isto é, não estão sem mais impulsos espirituais, que no final, acabarão por trazê-la de volta ao lar eterno, passo a passo. Só que, pelas razões mencionadas, é muito mais difícil para essa alma nos âmbitos das almas de continuar a se desenvolver, e ao mais elevado, do que na Terra.

64. *Como fazer a dissolução de fardos e o desenvolvimento espiritual ao mais elevado nos planos de purificação?*

O caminho de purificação da alma é muito mais difícil e demorado nos âmbitos do além do que na Terra. Embora o termo "tempo" exista apenas na matéria, ainda se pode dizer que "lá" leva mais tempo para limpar e iluminar o corpo da alma.

Fundamentalmente, o desenvolvimento espiritual ao elevado — aqui como ali — é baseado no desenvolvimento do amor altruísta. O caminho de volta a Deus, o caminho do amor a Deus e ao próximo, passa — aqui como ali — pelo autoconhecimento, bem como pela purificação e o se desprender do que é mau. Esses processos são muito mais prolongados e às vezes consideravelmente mais dolorosos nos âmbitos das almas do que nas vestimentas humanas na Terra, uma vez que a alma vê, sofre em si mesma e suporta o sofrimento e a dor em seu corpo de alma aquilo que infligiu a outros.

65. *A alma de uma criança chegará no além como um adulto ou como uma criança?*

Uma criança falecida também é uma criança no além como alma e também precisa de um desenvolvimento ali, como teria ocorrido aqui na Terra, mas ali nos âmbitos das crianças que correspondem a sua consciência.

As almas das crianças estão muito mais abertas aos ensinamentos do Espírito. Elas aceitam a ordem divina celestial e as possibilidades da realidade espiritual mais facilmente e, portanto, se desenvolvem mais rapidamente. Uma vez que ainda não estão tão fortemente moldadas por perspectivas intelectuais e ligadas a estas, elas crescem e amadurecem mais livremente do que uma alma moldada por uma longa vida terrena. Seu desenvolvimento nos âmbitos das almas ocorre na alegria de descobrir novas possibilidades espirituais. Elas ainda compreendem mais ou menos a totalidade, ainda estão perto dela. Elas expandem sua consciência sem muita dificuldade ou esforço, como numa brincadeira. É por isso que também falamos de "âmbitos infantis".

Questões gerais

66. Qual é a estrutura das partículas da alma?

O corpo sutil dos seres espirituais puros no Reino de Deus é construído na estrutura de partículas, é uma estrutura absolutamente flexível através da qual brilha o poder primordial incomensurável, a Toda-consciência. As partículas estão dispostas de forma semelhante às escamas de um peixe, cada partícula é permeada pela luz do universo, a lei do Reino de Deus. Como os corpos espirituais dos seres celestiais, a alma também é construída na estrutura de partículas, apenas que as partículas da alma são sombreadas.

67. Pode significar proteção que o conhecimento de vidas terrestres anteriores está encoberto numa nova reencarnação?

Sim, com certeza, porque se todos pudéssemos ver os nossos fardos de vidas passadas, não teríamos coragem e confiança para recomeçar.

68. *Se tentassemos deixar de lado os próprios erros de noite para o dia, seria possível alcançar a visão interior?*

Uma pessoa que põe de lado seus erros de forma constante e leva uma vida consciente de Deus pode alcançar a constante conexão interior com Cristo, a fim de ser guiada diretamente por Ele.

No entanto, os erros são removidos gradualmente. Deixar de lado todos os erros de uma só vez, de noite para o dia, não pode ser bem-sucedido.

69. *Pode-se superar todos os níveis em uma vida?*

Sim.

70. *Tenho 80 anos; Eu sei que a minha vida está acabando. Agora gostaria de saber: O que ainda posso fazer? Só agora ouvi falar do Caminho Interior.*

Nunca é tarde demais para nos voltarmos para Cristo em nós e nos orientarmos todos os dias n'Ele e no Seu mandamento de amar a Deus e ao próximo. Os Dez Mandamentos de Deus e os ensinamentos do Sermão da Montanha de Jesus de Nazaré servem como um parâmetro para as nossas vidas.

O Cristo de Deus sabe conduzir cada um de nós, sejam mais jovens ou mais velhos. Podemos usar cada dia da nossa vida terrena com o Seu poder para viver cada vez mais na consciência de "Deus em nós", para nos reconhecer, para deixar de lado nossos erros e fraquezas, para perdoar os nossos próximos e pedir-lhes perdão e reparar aquilo que ainda é possível.

71. *Tudo que posso processar intelectualmente me ajuda a entender melhor as correlações. Hoje também trouxe muitas informações importantes. Em que medida esse conhecimento me ajuda no meu caminho?*

Nosso conhecimento é como o conhecimento de um mapa que nos mostra o caminho e nos ajuda a encontrar o caminho mais rápido e melhor em um novo país. Em última análise, entretanto, todo conhecimento espiritual só tem valor se o colocarmos em prática.

72. Pode-se ver desta forma que: Se eu me sinto mal, então provavelmente são as almas que me afetam?

Se almas podem nos influenciar, isto sempre começa quando nos colocamos em uma vibração mais baixa — quando cedemos a sentimentos e pensamentos mais baixos. Nós chegamos até a deixá-los crescer dentro de nós. Se permanecemos nesta vibração mais baixa sem nos chamar a atenção dizendo: Pare! querido amigo, o que você está fazendo novamente? — Então as almas que estão nesta vibração se aproximam e nos influenciam ainda mais, porque igual atrai igual — essa é uma lei divina. Desta forma, também atraímos as almas que estão ligadas a este nível de vibração aqui nesta Terra. Isso pode nos puxar ainda mais para baixo, se não contermos nossos sentimentos e pensamentos negativos.

73. Não tem bons espíritos aqui também?

Certo, nosso ser protetor está aqui e existem inúmeros espíritos puros tentando guiar as pessoas. Por exemplo, vamos perguntar: Como descobrimos esse conhecimento espiritual? Como as pessoas são guiadas em uma direção positiva? Não existe nenhuma coincidência e, portanto, os nossos seres protetores continuam direcionando a nós humanos, para onde temos a oportunidade de encontrar o caminho. Claro que somos livres para aceitar a indicação do caminho ou não.

74. A nutrição influencia o desenvolvimento da alma?

Com certeza: O Espírito de Deus fala muito clara e especificamente que devemos nos alimentar dos frutos que a Terra nos dá voluntariamente. Claro, dependendo do estado atual da consciência do indivíduo, isso não será 100% possível.

O Espírito de Deus nos aconselha a proceder gradualmente. Por exemplo, se alguém come carne, ele pode tentar diminuir isso lentamente. Isso não deve ser feito apenas por motivos exteriores de saúde, dizendo: "A carne não é saudável para o meu corpo", mas também pela convicção: O animal é meu próximo-animal, e se eu o abater para comer, então eu o tenho matado.

Um desenvolvimento espiritual harmonioso inclui todos os âmbitos da vida, incluindo a nutrição. Pois, tudo é vibração. No entanto, esse conhecimento foi parcialmente soterrado ao longo dos séculos.

75. *Uma pessoa pode percorrer o Caminho Interior enquanto ainda come carne?*

Aqueles que desejam trilhar o Caminho Interior não recebem nenhum regime alimentar.

No Caminho Interior, o caminho do amor a Deus e ao próximo para com os seres humanos, a natureza e os animais, nós mesmos chegaremos à reconhecer o que é certo. Pelo amor ao Pai Eterno e às suas criaturas, será possível, a partir do interior, gradualmente deixar de lado tudo o que não corresponde às leis divinas.

Leia também:

Reencarnação
Um dom de graça da vida

Para onde vai a viagem da minha alma?

Onde está a nossa pátria? Estamos em casa neste mundo? Ou estamos só de passagem? As respostas a estas perguntas nunca foram tão clara e incontestávelmente respondidas como neste pequeno livro. Com ele, compreendemos melhor o sentido da nossa vida, por que estamos na Terra e qual a tarefa que temos aqui: de nos desenvolver à nossa origem divina, pois somos seres divinos cuja vida perdura eternamente.

96 pág., Capa comum, ISBN 978-3-89201-795-0
eBook também disponível.

A minha vida
que eu mesmo escolhi

Como podemos compreender isto? O que é a vida, e por que é moldada de forma tão diferente para cada pessoa?

Este livro nos faz entender que a nossa vida é muito mais do que geralmente percebemos. Assim, lemos: "Se pudéssemos ver a nossa vida na Terra como um estágio breve no devir espiritual, poderíamos nos integrar melhor no contexto cósmico total. Daríamos um valor totalmente diferente às circunstâncias e ocorrências durante a nossa vida na Terra".

60 pág., Capa comum, ISBN 978-3-89201-946-6
eBook também disponível.

Com prazer enviamos o nosso catálogo e extratos gratis.

Casa Editorial Gabriele A Palavra
Tel. +1.844.576-0937 / +49.9391/504-843
www.gabriele-publishing-house.com

www.ingramcontent.com/pod-product-compliance
Lightning Source LLC
LaVergne TN
LVHW051936220826
846093LV00018B/557

9783964462213